Frank Findeiß

"Die Traumzensur" und "Die Symbolik im Traum" bei Sigmund Freud

GRIN Verlag

Bibliografische Information der Deutschen Nationalbibliothek:

Die Deutsche Bibliothek verzeichnet diese Publikation in der Deutschen National-
bibliografie; detaillierte bibliografische Daten sind im Internet über http://dnb.d-
nb.de/ abrufbar.

Impressum:

Copyright © 1997 GRIN Verlag GmbH
Druck und Bindung: Books on Demand GmbH, Norderstedt Germany
ISBN: 978-3-638-93904-1

Dieses Buch bei GRIN:

http://www.grin.com/de/e-book/22205/die-traumzensur-und-die-symbolik-im-traum-
bei-sigmund-freud

GRIN - Your knowledge has value

Der GRIN Verlag publiziert seit 1998 wissenschaftliche Arbeiten von Studenten, Hochschullehrern und anderen Akademikern als eBook und gedrucktes Buch. Die Verlagswebsite www.grin.com ist die ideale Plattform zur Veröffentlichung von Hausarbeiten, Abschlussarbeiten, wissenschaftlichen Aufsätzen, Dissertationen und Fachbüchern.

Besuchen Sie uns im Internet:

http://www.grin.com/

http://www.facebook.com/grincom

http://www.twitter.com/grin_com

Rheinische Friedrich-Wilhelms-Universität

Bonn

Schriftlich formuliertes Referat

zur

Übung für Fortgeschrittene:

„Kulturanthropologie bei Sigmund Freud"

Thema:

„Die Traumzensur" und „Die Symbolik im Traum" bei Sigmund Freud

vorgelegt von

Frank Findeiß

WS 1996/97

Inhaltsverzeichnis:

Einleitung

Da die Schilderungen der beiden folgenden Kapitel „Traumzensur" und „Symbolik im Traum" aus den „Vorlesungen zur Einführung in die Psychoanalyse" eine lediglich partielle Darstellung eines komplexen Themenbereiches – dem der „Traumdeutung" Freuds – bieten, sind noch ein paar Worte zur Einleitung notwendig, die ihre Einordnung erleichtern sollen.

Die wohl entscheidende Entdeckung Freuds ist die Existenz eines „verdrängten Unbewussten". Nicht nur für den Traum, sondern auch für die „Technik des Witzes", dem Versprecher (Freud'sche Fehlleistung) und das Vergessen von Wörtern, dem Freud mit der „freien Assoziation" auf die Schliche zu kommen versuchte, stellt diese Entdeckung die Grundlage dar. Was ist nun der Inhalt des verdrängten Unbewussten?

„Hauptsächlich die vergessene Frühzeit des Lebens, die Leidenschaften und Beziehungskatastrophen der frühen Kindheit, aber auch die Art und Weise, wie in dieser vorsprachlichen Periode gedacht und gefühlt wird, nämlich in der dramatischen, symbolisch-szenischen Bild- und Handlungssprache und in den immer wieder heftig aufgelösten Zuordnungen von Eigenseelischem und Fremdseelischem (Projektionen, Introjektionen und Spaltungen, Idealisierungen)"[1].

Welche Bedeutung hat diese Kenntnis für den Traum? Freud misst dem Traum bei, dass dieser in seiner Hauptfunktion verdrängte, infantile Wünsche – die im Unbewussten vorhanden sind – erfüllt, um eine Störung des Schlafes zu verhindern. Damit kommt dem Traum eine biologische Notwendigkeit zu, die heute sogar nach den experimentellen Erkenntnissen der „Traumforschung" bewiesen werden kann. Hatte man zu Zeiten Freuds noch Zweifel daran, dass der Traum in irgendeiner Weise für das Verständnis der Seelentätigkeit des Menschen relevant sei, ist man seit der Entdeckung des REM-Schlafes (Radid eye movement) anderer Meinung, denn auch danach stellt der Traum

„sozusagen ein Sicherheitsventil in Bezug auf Störungen durch verdrängte Wünsche dar. Dies lässt sich z. B. auch durch die Ergebnisse des experimentellen Schlafentzugs bestätigen. Bei diesem Versuch schläft die Versuchsperson, während das EEG (Hirnstrombild) abgeleitet wird. Sie wird jedes Mal geweckt, wenn das EEG und andere Anzeichen einen Traum zu erkennen geben. Dadurch wird die Versuchsperson ihres REM-Schlafes beraubt, was nach einigen Nächten zu vorübergehenden psychischen Störungen führt"[2].

---

[1] Freud, Sigmund: *Schriften über Träume und Traumdeutungen*; Fischer Taschenbuch Verlag; Frankfurt/M.; 1995; S. 9
[2] Mentzos, Stavros: *Neurotische Konfliktverarbeitung*; Fischer Taschenbuch Verlag; Frankfurt/M.; 1984; S. 68

Aus der Tatsache des Wachens und Schlafens ergibt sich, dass der Mensch sozusagen in „zwei Welten" lebt, die beide für ihn eine existentielle Notwendigkeit darstellen. Freud unterscheidet daher analog zwei Funktionsweisen des psychischen Apparates, die in wechselseitiger Beziehung zueinander stehen: eine unbewusste Seelentätigkeit (Primärvorgang) und eine vorbewusst-bewusste Seelentätigkeit (Sekundärvorgang). Diese beiden Funktionsweisen bilden die Basis im Prozess der Traumbildung. Die unbewusste Seelentätigkeit liefert den manifesten Trauminhalt, der den „eigentlichen Traum" darstellt, so wie er im Wachbewusstsein erinnert wird. Die vorbewusst-bewusste Seelentätigkeit produziert die latenten Traumgedanken, die auch das Traummaterial liefern. Ihnen liegen Tagesreste (unerfüllte „Alltagswünsche" des Vortages), Kindheitserinnerungen (unerfüllte infantile Wünsche) und Körperempfindungen (während des Schlafes) zugrunde. Diese Traumgedanken werden in der (unbewussten) Traumarbeit umgewandelt, man kann sogar sagen komprimiert, denn dies geschieht durch vier (Abwehr-)Mechanismen: Verdichtung, Verschiebung, Rücksicht auf Darstellbarkeit und sekundäre Bearbeitung. Aus dieser Traumarbeit resultiert der manifeste Traum. Dieser wiederum muss in der Analyse durch die Traumdeutung bewusst gemacht werden, wenn man verstehen will, welche „Wirklichkeit" sich hinter ihm verbirgt. Das – mit anderen Worten – „Bilderrätsel", wie Freud an mancher Stelle schreibt, muss entschlüsselt werden. Dies geschieht zum einen durch „freies Assoziieren", so wie bei der Analyse beim Vergessen von Wörtern, als auch zum anderen durch das Übersetzen von Symbolen, die im Traum auftauchen und deren Bedeutung man kennen muss. Somit erscheinen uns also die Traumgedanken als eine Übertragung des Trauminhaltes und umgekehrt. Wir haben es im Traumbildungsprozess mit quasi „zwei verschiedenen Sprachen" zu tun, die man jeweils, je nachdem, ob man eine Traumdeutung oder die Traumarbeit vornimmt, übersetzen muss.

I. Erläuterung der Vorlesung „Die Traumzensur"

Um im folgenden den Inhalt zur Vorlesung „Die Traumzensur" zu schildern, muss ich näher auf die Prozesse der Traumarbeit eingehen. Wie schon erläutert, werden in ihr die latenten Traumgedanken in (manifeste) Bilder umgewandelt, weshalb Freud auch sagt:

„Die Träume sind Beseitigungen schlafstörender (psychischer) Reize auf dem Wege der halluzinierten Befriedigung"[3]; d. h., mittels des „unbewussten" Denkens wird eine scheinbare (halluzinatorische) Wahrnehmung erzeugt, die einen oder mehrere Wünsche erfüllt (befriedigt). In der Traumdeutung heißt es weiter dazu:

„Gerade die Wunscherfüllung hat uns bereits zu einer Scheidung der Träume in zwei Gruppen veranlasst. Wir haben Träume gefunden, die sich offen als Wunscherfüllung gaben; andere deren Wunscherfüllung unkenntlich, oft mit allen Mitteln versteckt war. In den letzteren erkannten wir die Leistungen der Traumzensur"[4].

Die ersteren Träume der offenen Wunscherfüllung bezeichnet Freud als Träume von infantilem Typus, weil Kinder meistens klare, unentstellte Träume haben; auch Erwachsene können derartige Träume produzieren; diese haben den Vorteil, dass sie auf Anhieb verständlich sind. Doch die meisten Träume sind einer Entstellung anheim gefallen und müssen daher aufgeklärt werden. Diese Entstellung, die Freud als das Werk der Traumarbeit bezeichnet, soll nun näher erklärt werden. Anhand eines Traumbeispieles schildert er die Entstehung der Traumentstellung, was diese bewirkt und wie sie es bewirkt. Der Trauminhalt in diesem Beispiel beschreibt verkleidet die

„Erfüllung einer patriotischen Pflicht (der Träumenden, Anm. des Verf.)*, ihre Person zur Befriedigung der Liebesbedürfnisse des Militärs, Offiziere wie Mannschaft, zur Verfügung zu stellen"*[5],

wobei unbewusst ein libidinöser Wunsch(-trieb) erfüllt wird. An drei Stellen wird darin jedoch das Eingeständnis dieses wahren Wunsches durch ein uneindeutiges Gemurmel unterbrochen. In diesem Gemurmel äußert sich die Zensur. Insofern trägt die Zensur zu einem reibungslosen Ablauf des Schlafes bei, denn würde sich der „wahre" Wunsch (in dem Fall ein libidinöser Trieb) auch im Traum direkt äußern, erwachte die Träumende vermutlich, von Angstgefühlen begleitet.

Die Zensur zeigt sich generell in drei verschiedenen Typen:

---

[3] Freud, Sigmund: *Vorlesungen zur Einführung in die Psychoanalyse*; Fischer Taschenbuch Verlag; Frankfurt/M.; 1991; S.130
[4] Freud. Sigmund: *Die Traumdeutung*; Fischer Taschenbuch Verlag; Frankfurt/M.; 1991; S. 541
[5] Freud, Sigmund: *Vorlesungen zur Einführung in die Psychoanalyse*; a. a. O.; S.132

Zunächst, indem sie entweder vollständige Lücken an der Stelle im manifesten Traum erzeugt,

an der sich ein verdrängter infantiler Wunsch zeigen will oder

„wo ein Traumelement besonders schwach, unbestimmt und zweifelhaft unter anderen,

deutlicher ausgebildeten erinnert wird"[6];

zweitens kommt die Zensur zur Geltung

„durch die Produktion von Abschwächungen, Annäherungen (und) Anspielungen an Stelle

des Eigentlichen"[7]

und schließlich durch die Verschiebung von verdrängten Wünschen, indem sie von deren

eigentlicher Bedeutung gelöst und auf ein anderes Traumelement geschoben werden.

An dieser Stelle könnte die Unklarheit aufkommen, inwiefern denn nun verdrängte infantile

Wünsche im Traum erfüllt werden, wenn sie doch letztendlich nicht „eindeutig", sondern

entstellt geträumt werden; aber gerade das ist ja das Werk der Traumarbeit und die Funktion

des Traumes, so wie Freud dies erklärt, denn

„so gilt in seinem Kompromissmodell des manifesten Trauminhalts dieser Inhalt als

Kompromiss zwischen dem verdrängten (verbotenen) *Wunsch und der Zensur der Vernunft,*

die dessen Ausdruck im Traum verzerrt"[8].

Im weiteren Verlauf wendet sich Freud nach den Wirkungen der Dynamik der Traumzensur

zu. Hierbei ist der Begriff des Widerstandes entscheidend. Dieser äußert sich im Augenblick

der Deutungsarbeit (Analyse) in **der** Form, dass er versucht, die Entstellung

aufrechtzuerhalten; d. h. die Traumzensur wirkt nicht nur in der Traumarbeit, indem sie die

verdrängten Wünsche entstellt, sondern sie wirkt auch mit dem Zwecke wiederum der

Verdrängung (Widerstand) bei der Deutungsarbeit. Die Auflösung dieses Problems kann dann

nur – dem Grade des Widerstandes entsprechend – durch lange Assoziationsketten bis hin

zum eigentlichen Traumelement, dem Stellvertreter des verdrängten Wunsches zurückverfolgt

werden.

Des weiteren stellt sich die Frage, gegen welche tief(er)gründigen Wunschregungen sich denn

die Zensur richtet.

„Vor allem sind diese zensurierten und im Traum zu einem entstellten Ausdruck gelangten

Wünsche Äußerungen eines schranken- und rücksichtslosen Egoismus"[9],

die sich nach Freud zurückführen lassen auf die

---

[6] ebd.; S. 133

[7] ebd.; S. 133

[8] Grünbaum, Adolf: *Die Grundlagen der Psychoanalyse – eine philosophische Kritik*; Reclam; Stuttgart; 1988; S. 373f

[9] Freud, Sigmund: *Vorlesungen zur Einführung in die Psychoanalyse*; a. a. O.; S. 136

"immer regen, sozusagen unsterblichen Wünsche unseres Unbewussten, welche an die Titanen der Sage erinnern, auf denen seit Urzeiten die schweren Gebirgsmassen lasten, die einst von den siegreichen Göttern auf sie gewälzt wurden und die unter den Zuckungen ihrer Glieder noch jetzt von Zeit zu Zeit erbeben; – diese in der Verdrängung befindlichen Wünsche, sage ich (Freud, Anm. des Verf.), *sind aber selbst infantiler Herkunft"[10]*.

Sie äußern sich als „Beseitigungswünsche", „Rache- und Todeswünsche", „Inzestwünsche", „Wünsche, den Vater bzw. die Mutter voll für sich zu besitzen (Ödipus)", exhibitionistische und voyeuristische „Schau- und Zeigelust" und Wünsche nach sadistischer und masochistischer Machtausübung.

"Diese (zensurierten) Wünsche scheinen aus einer wahren Hölle aufzusteigen, keine Zensur scheint uns im Wachen hart genug gegen sie zu sein"[11].

Kein Wunder also, dass sich der „Träumer" im Wachzustand mit der geleisteten Arbeit der Zensur im Einklang fühlt, was somit die Deutungsarbeit erschwert. Die Traumentstellung, die aus der Zensur hervorgeht, wird daher umso deutlicher (größer), je „anstößiger" die Inhalte des Wunsches sind, den der Träumende verdrängt bzw. je strenger die tätige Zensur den Wunsch bewertet. Man kann die Zensur folglich als eine dauerhafte Einrichtung auffassen, die eine selektive Schranke zwischen den Systemen „unbewusst" und „vorbewusst-bewusst" aufbaut und dabei eine Verdrängung herbeiführt. Später bezeichnete Freud die Zensur auch als das Über-Ich, welches als selbstbeobachtende Instanz in Vertretung des Gewissens auftaucht.

Aufgrund der scheinbar pathogenen Tendenzen im Menschen, die Freud durch die Traumdeutung ans Tageslicht brachte, stellt er des weiteren seine Ergebnisse zunächst in Frage, nicht zuletzt, weil der „Träumer" im Wachzustand seine vermeintlich abscheulichen Neigungen nicht bestätigt oder leugnet – in diesem Fall vermutet Freud, dass er (der Träumer) nichts von der Existenz dieser weiß –, sondern weil er sogar das Gegenteil dieser angeblich vorherrschenden Wünsche in sich verspürt und dies glaubt, durch seine „Lebensführung" beweisen zu können. Doch Freud verwirft diese Gegenargumente, indem er wiederum darauf hinweist, dass, wenn man zwischen unbewusstem und bewusstem Seelenleben unterscheidet, man ihnen auch jeweils ein „Eigenleben" zuschreiben kann, welches vom Charakter her – rein hypothetisch – auf gegensätzlichen Tendenzen basieren könnte; anders gesagt, dass sie

"nebeneinander bestehen; ja möglicherweise ist gerade die Vorherrschaft der einen Regung eine Bedingung für das Unbewusstsein ihres Gegensatzes"[12].

---

[10] Freud, Sigmund: *Die Traumdeutung*; a. a. O.; S. 543f
[11] Freud, Sigmund: *Vorlesungen zur Einführung in die Psychoanalyse*; a. a. O.; S. 136

Bei dieser etwas verworrenen „In-Frage-Stellung" seiner Ergebnisse aus der Traumdeutung scheint Freud eine Entschuldigung für die „unerfreulichen" Resultate und ihre schwierige Verständlichkeit zu suchen.

Abschließend ist zu diesem Kapitel zu sagen, dass alle Mechanismen, die in der Traumarbeit auftauchen, eine Wirkung der Traumzensur sind: sowohl die Hauptelemente der Verschiebung und Verdichtung, die im wesentlichen die Entstellung des Trauminhaltes herbeiführen, als auch das Element der Rücksicht auf Darstellbarkeit, das auf die Auswahl der in Bilder zu verwandelnden latenten Traumgedanken eingeht (s. dazu auch Symbolik im Traum), sowie die sekundäre Bearbeitung, die zum zweiten Teil der Traumarbeit gehört und die sich an den Produktionen vollzieht, die durch die anderen Mechanismen (Verdichtung; Verschiebung; Darstellung) bereits bearbeitet wurden, wobei ihre Aufgabe die Vereinheitlichung mittels Ergänzung, Hinzufügung oder auch partielle bzw. totale Umarbeitung von Traumelementen zu einem Ganzen betrifft.

---

[12] ebd.; S. 138

II.   Erläuterung der Vorlesung „Die Symbolik im Traum"

Wie bereits in der Einleitung kurz erwähnt, entwickelte Freud in der Analyse zwei Techniken, um den Traum deuten zu können. Die erste war die „freie Assoziation", zu der die augenblicklichen Äußerungen des zu Analysierenden (Träumer) eine absolute Notwendigkeit darstellen, da man über seine Assoziationen – manchmal erst durch lange „Assoziationsketten" – zum eigentlichen Traumelement des manifesten Traums gelangt.

Die zweite Technik stellt das Übersetzen von Symbolen im Traum dar. Freud kam auf diese Form der Traumdeutung, als er bemerkte, dass in manchen Fällen, in denen er eine Analyse durchführte, dem „Träumer" zu Traumelementen „beim besten Willen" keine Assoziation einfiel. Da dies immer bei bestimmten Traumelementen der Fall war, glaubte er, darin eine neue Gesetzmäßigkeit aufgefunden zu haben. Freud gewann so die Überzeugung, dass man diese bestimmten Traumelemente konstanten Übersetzungen gegenüberstellen könne (Symbole); diese

„*gestatten uns* (im Gegensatz zur „freien Assoziation", Anm. des Verf.) *unter Umständen, einen Traum zu deuten, ohne den Träumer zu befragen, der ja zum Symbol ohnehin nichts zu sagen weiß*"[13].

Allerdings ist die symbolische Deutung keine eigenständige, sondern eine die „freie Assoziation" ergänzende Technik, denn der Traum setzt sich immer aus verschiedenen zu behandelnden Traumelementen zusammen. Außerdem ist der Begriff des Symbols nicht scharf abzugrenzen, da er oftmals mit denen der Ersetzung, Darstellung und Anspielung verschwimmt. Im folgenden konzentriert sich Freud jedoch hauptsächlich auf eine grobe Festlegung der Inhalte der Symbole, denn in Anlehnung an die drei bereits im siebten Kapitel der Vorlesung: *„Manifester Trauminhalt und latente Traumgedanken"* [14] geschilderten Beziehungen zwischen Traumelementen und ihren eigentlichen Bestimmungen, die, des Teils vom Ganzen, die der Anspielung und der Verbildlichung, bezeichnet Freud die Traumsymbolik als eine vierte solche, die es noch zu klären gilt.

Während er also zunächst die „formalen" Übersetzungsmöglichkeiten der symbolischen Elemente erläutert, geht er in einem zweiten Teil dieser Vorlesung auf die Hintergründe für eine derartige Auslegung ein. Die „Hauptthemen" der symbolischen Darstellung im Traum beziehen sich auf den „menschlichen Leib als Ganzem, die Eltern, Kinder, Geschwister, Geburt, Tod, Nacktheit"; d. h. es geschieht eine Umwandlung dieser in stellvertretende Symbole, auf die jetzt im einzelnen einzugehen den Rahmen dieser Arbeit sprengen würde.

---

[13] ebd.; S. 144
[14] ebd.; S. 114f

Des weiteren bleibt zu beachten, dass ihre Auslegung immer von Person zu Person differieren kann, da bei der Analyse stets die spezielle Lebensgeschichte des zu Analysierenden berücksichtigt werden muss, in der Symbole unterschiedliche Bedeutung haben können. Die Mehrzahl der Traumsymbole beziehen sich allerdings auf sexuelle „Anspielungen". Freud kann hier zwischen Symbolen, die sich auf das männliche Genital, als auch auf das weibliche beziehen, unterscheiden. Auch hier will ich nicht näher ins Detail gehen, sondern zähle lediglich die, den einzelnen Symbolen übergeordneten Kategorien auf: es sind dies für das männliche Genital Darstellungen in Verbindung mit der „heiligen Zahl drei", Gegenstände aus denen Wasser fließt als auch solche die sich gegen die Schwerkraft aufrichten, worin sich die „Flugträume" begründen, die meist auf sexuelle Erregung zurückzuführen sind. Als letzte Kategorie führt Freud Symbole auf, deren Eindeutigkeit in Bezug auf das Sexuelle nicht ganz klar ist („Reptilien und Fische"/ „Hut und Mantel").

Die Bezeichnungen für das weibliche Genital, das Freud noch einmal in drei Elemente – die Clitoris („das Genital selbst"), den Mutterleib und die Brust – unterteilt, zeigen sich, im Ersatz für die beiden ersten in Hohlräumen oder Öffnungen und für die Brust in Darstellungen von Früchten bzw. Landschaftsgebilden. Weitere Symbole mit sexuellem Gehalt beziehen sich auf den „Geschlechtsgenuss" (orale Befriedigung) in Darstellungen von Süßigkeiten, die Masturbation (vertreten durch „spielerische" Tätigkeiten), die von Freud selbst entdeckte Kastrationsangst, die sich in Träumen durch „Zahnausfall" bzw. „Zähne ziehen" zeigt und auf den Geschlechtsakt, der hauptsächlich durch rhythmische Betätigungen symbolisch entstellt wird.

Trotz all dieser detaillierten Ausdifferenzierungen in der Traumsymbolik besteht Freud nicht auf einer absoluten Gültigkeit einer derartig „wortgetreuen" Übersetzung, denn er stellte in seiner Analyse von Träumen auch Vertauschungen in der Bedeutung von männlichen und weiblichen Sexualsymbolen fest. Danach sind also viele Symbole von „bisexuellem Charakter".

In einem weiteren Schritt geht Freud auf die, der Traumsymbolik zugrunde liegenden Quellen ein. Da die Traumsymbolik als ein kleiner Teil einer allgemeinen Symbolik verstanden werden muss, erweisen sich des weiteren die tiefer liegenden Inhalte aus

„Märchen und Mythen, Schwänken und Witzen, aus dem Folklore, d. i. der Kunde von den Sitten, Gebräuchen, Sprüchen und Liedern der Völker, aus dem poetischen und allgemeinen Sprachgebrauch"[15]

---

[15] ebd.; S. 151

ebenfalls durch eine dahinter liegende Symbolik, die im wesentlichen Parallelen zur Traumsymbolik aufweist, als relevant. Auf den folgenden Seiten erläutert Freud dementsprechend zu welchen Symbolen, die im Traum auftauchen können, Parallelen zu den o. g. weiteren Quellen existieren. Er bezieht sich hierbei auf jedes zuvor genannte Traumsymbol und versucht, die entsprechende Wurzel dafür zu finden, jedoch bezeichnet er diese Versuche lediglich als Proben; er beendet diesen Teil mit den Worten:

„Wir wissen mehr darüber, und Sie mögen sich vorstellen, um wie viel reichhaltiger und interessanter eine derartige Sammlung ausfallen würde, die nicht von Dilettanten wie wir (gemeint ist vermutlich der Kreis der Psychoanalytiker, Anm. des Verf.)*, sondern von richtigen Fachleuten in der Mythologie, Anthropologie, Sprachwissenschaft, im Folklore angestellt wäre"[16].*

Er lässt also **seinen** Kenntnissen über die Symbolik keinen allzu großen wissenschaftlich fundierten Stellenwert zukommen. Das wichtigste an diesen letzten Ausführungen ist jedoch, dass hier das Verbindungsstück zu einer kulturanthropologischen Tragweite der Arbeit Freuds am deutlichsten wird, denn seine Entdeckung des „verdrängten Unbewussten" gründet eben auf den in allen Völkern seit Urzeiten vorherrschenden archaischen Triebrepräsentanten, die zum einen als kultivierte Objektivierungen in verkleideter Form in den Märchen, Mythen, Witzen, dem Folklore etc. und zum anderen individuell, als verdrängte infantile Wünsche im Traum symbolisch entstellt weiterleben.

Schließlich zieht Freud vier Folgerungen aus den Erkenntnissen, die er bei der Beschäftigung mit der Symbolik für den Traum herausfand. Erstens fasst er die Traumsymbolik als einen von Geburt an im unbewussten Seelenteil eines **jeden** Menschen agierenden Mechanismus zur Traumentstellung auf, weil dieser sich trotz Sprachverschiedenheiten bei verschiedenen Personen in gleicher Weise (mit denselben Symbolen) äußert.

Zweitens hält er noch einmal fest, dass die Traumsymbolik aufgrund ihrer partiellen Bedeutung innerhalb der Symbolik zwar zunächst ein eigenes Gebiet (innerhalb der Traumdeutung) darstellt, aber zu den anderen, von Symbolen durchdrungenen Gebieten (z. B. Mythen, Märchen), die scheinbar zusammen die Überreste einer „alten, untergegangenen Ausdrucksweise" bilden, zugehörig ist, da ihnen gemeinsame Wurzeln zugrunde liegen. Demnach führt die Traumsymbolik

---

[16] ebd.; S. 157

„weit über den Traum hinaus; sie gehört nicht dem Träume zu eigen an, sondern beherrscht in gleicher Weise die Darstellung in den Märchen, Mythen und Sagen, in den Witzen und im Folklore"[17].

Drittens unterstellt er, um daran anzuknüpfen, der Traumsymbolik, dass ihre Inhalte hauptsächlich auf das Gebiet sexueller Objekte und Beziehungen verweisen, wobei er darin die Wurzeln auf die Sprachentwicklung (der Urmenschen) zurückführt, die in ihren Anfängen Worte hervorbrachten, die jeweils zwei Bedeutungen hatten: sie bezeichneten einen Geschlechtsakt als auch einer ihm gleichgesetzten Arbeitstätigkeit. Demnach wäre

„die Symbolbeziehung der Überrest der alten Wortidentität; Dinge, die einmal gleich geheißen haben, wie das Genitale, könnten jetzt im Traum als Symbole für dasselbe eintreten"[18].

Viertens räumt Freud der Traumsymbolik einen gleichen Rang innerhalb der Traumentstellung neben der Traumzensur ein, was er damit begründet, dass der Traum auch ohne die Traumzensur eben aufgrund der Symbolik unverständlich bliebe.

---

[17] Freud, Sigmund: *Schriften über Träume und Traumdeutungen*; a. a. O.; S. 85
[18] Freud, Sigmund: *Vorlesungen zur Einführung in die Psychoanalyse*; a. a. O.; S. 160

III. Literatur

1. Freud. Sigmund: *Die Traumdeutung*; Fischer Taschenbuch Verlag; Frankfurt/M.; 1991

2. Freud, Sigmund: *Vorlesungen zur Einführung in die Psychoanalyse*; Fischer Taschenbuch Verlag; Frankfurt/M.; 1991

3. Freud, Sigmund: *Schriften über Träume und Traumdeutungen*; Fischer Taschenbuch Verlag; Frankfurt/M.; 1995

4. Grünbaum, Adolf: *Die Grundlagen der Psychoanalyse – eine philosophische Kritik*; Reclam; Stuttgart; 1988

5. Laplanche, J. &:   *Das Vokabular der Psychonanlyse*; Suhrkamp Taschenbuch
   Pontalis, J.-B.   Wissenschaft; Frankfurt/M.; 12. Aufl. 1994

6. Mentzos, Stavros: *Neurotische Konfliktverarbeitung*; Fischer Taschenbuch Verlag; Frankfurt/M.; 1984